# Excusez les parents

HORAY

**Chez le même éditeur**

*Humour & politique,* Jean Miot, Bruno Fuligni, Cabu
*Perles parlementaires,* Paul Quimper
*Perles de la Littérature,* Pierre Ferran
*Perles de la Littérature,* Tome II, Dominique Jacob
*Perles du courrier administratif,* Pierre Ferran
*Troubles de chaire, Perles de curés,* Dominique Jacob et Cabu
*Excusez les parents,* Pierre Ferran
*Les vrais mots d'enfants,* Pierre Ferran
*Perles d'élèves,* Jean Bruan
*Perles de collégiens,* Claire Gratias
*Perles de lycéens,* Jean-Noël Leblanc
*Vaches de profs,* Jean-Noël Leblanc


22 bis Passage Dauphine 75006 Paris
éditions@horay-editeur.fr
www.horay-editeur.fr

ISBN 978-2-7058-0496-1

C'est au matin, déjà harnaché pour partir vers le travail à reprendre, que l'enfant, y songeant soudain, réclame :

- ET MON MOT ?

Il propose au hasard, en vue de sa rédaction, sa feuille d'écolier aux réglures immuables, ou la page d'un carnet, vivement écornée ; les parents pourront ainsi utiliser, suivant l'occasion fournie, le dos d'une enveloppe, le verso vierge de quelque imprimé publicitaire, voire la découpure plus ou moins régulière d'un vulgaire papier d'emballage. Quelques lignes brèves - on n'a guère le temps des figures de styles - vont transformer cet hétéroclite support en « billet d'excuse ». Dès lors il sera le viatique de l'absent qui réintègre ; le mot de passe ; le sauf-conduit que l'on brandit à l'entrée de salle et qui vous épargne les foudres administratives. Avec lui, on se sent en règle, prémuni contre tout danger, à l'abri de cette inquiétude qui taraude les consciences douteuses, au lendemain des flemmes entretenues et des faridons. Le maître, déjà satisfait de se voir spontanément tendre le billet réglementaire, n'a qu'un œil distrait pour jauger la qualité de la syntaxe familiale et apprécier la pertinence du motif évoqué.

Ayant reconnu que le mot n'était ni faux ni périmé, il le classe au sein du grand registre d'appel où il rejoint ses semblables, dans le sommeil des œuvres éphémères. L'année scolaire achevée, le registre, son lot de billets dans la panse, gagne quelque placard d'archives peuplé de lépismes.

Il faut aller y exhumer, avant que les grands nettoyages et ravalements décennaux ne les aient définitivement abolis, les éléments les plus piquants de cette prose familière qui fleure l'accent de son terroir et manifeste de solides et saines vertus : concision, pouvant pousser jusqu'à l'ellipse ; noblesse naturelle que véhicule sans grand dommage l'amphigouri ; sincérité naïve et confiante ; révérence primesautière résistant au solécisme le plus facétieux. Si ces morceaux choisis offrent le flanc à l'amusement le moins charitable, n'oublions pas que le bon sens commun les avait réservés au seul usage du maître, celui à qui l'on confie parce qu'il sait et ne rit point de l'ignorance ; celui qui siège dans le « temple de la justice et le seul lieu où les pauvres ne sont pas méprisés » dit Alain. Notre indiscrète compilation – est-il besoin de le dire ? – n'a jamais eu pour objet de railler la maladresse de style ou de dauber la dysorthographie. Non ! Si tel avait été son but, elle eût trouvé tout aussi bien et beaucoup plus largement dans d'autres domaines, publics ceux-là ! Son intention est

seulement de permettre que l'on goûte ces écritures spontanées avec réjouissances, comme on se ravit l'oreille à écouter les inflexions colorées d'un accent local.
Nos scripteurs ont utilisé, çà et là, des tours de plumes qui, pour n'être point orthodoxes, manifestent un don inné de l'image expressive ; ils ont parsemé leur petits écrits de confusions et de néologismes succulents, de métaphores éclatantes, de figures acrobatiques qui leur permettent de s'exprimer avec virtuosité, même si, comme le déclare Lisa au professeur de phonétique, dans le *Pygmalion* de Bernard Shaw, ils se moquent bien de parler grammaticalement.
En marge de la noble langue ratifiée par les puristes, impeccable, gourmée, hiératique, s'exprime ici, avec truculence et couleur, une langue frondeuse qui ne s'embarrasse pas d'édits. Si la première seule obtient les honneurs du marbre, c'est uniquement la seconde qui pousse jusqu'au feu, au feu du discours, au feu des passions, au brasier de la vie. Elle s'y résout en saillies qui, pour ne rien devoir à l'artifice, n'en constituent pas moins d'éblouissants photophores.
Mon intention a été de rassembler, dans les pages qui suivent, quelques unes de ces pointes légères, imprévues, crépitantes, petits éclairs de chaleur ridant fugacement le fronton des magistères.

En faisant figurer dans *La Guerre des boutons* – par procédé de style ou pure transcription, qui sait ? – le billet d'excuse que voici :

« *Mocieu le Maître,*
*Je vous envoie sé deux mots pour vous dire que j'ai gardé Léon à la maison à cause de mes rumatisses pour arrangé les bêtes.*
*Jean-Baptiste Cassard* »,

Louis Pergaud a, en quelque sorte, posé il y a plus d'un demi-siècle la première pierre de cet ana.

*Mademoiselle,*

*pisque vous rentré avec le car de ramassage*
*fêtes un peu la dissipline*
*avec les filles et les gars au lieut*
*de vous occuper que des chauffeurs.*
*Vu que vous êtes autant la maîtresse*
*des uns que des autre.*

*Ma fille ne peut pas aller à l'école.*
*Elle va du haut et du bas.*
*Quand elle ira plus elle ira.*

Mademoiselle

geneviève ayant cassé
un vu de ses lunettes
na pu fair que la
maitier de son devoir

Sentiments distingués

Mme Audraiy Simone

*Mademoiselle,*

*Eric et pas à l'école aujourd'hui*
*car il a passé les vacances*
*avec une belle en jines*
*qui la secoué beaucoup.*
*Il a fait son devoir pour la rentrer.*
*Mais il ne poura pas resortir avant deux jours*
*car il et encore tout chaud.*

*Monsieur,*

*Veuillez excuser Tony qui a été absent*
*durant sa maladie*
*et malade durant son absence.*

*Monsieur,*

*Mon fils a manqué hier*
*pour cause d'empêchement.*

Madame

N'ayant pas la possibilité d'acheter
les livres d'Anglais dont vous
êtes Professeurs. Cette dépense
inutile du fait que l'enfant
passant en 5e Ne fera plus
d'Anglais.

Nous sommes <u>Français</u> aprenez
aux enfants leurs langues
d'Origine et non la langue
des Ennemis de la France
«Jeanne d'Arc – Napoléon»

Attention pas de sanctions
envers mon enfant - Votre
Savvoir - ne fais pas partie de
la langue Francaise

Salutations

*Madame,*

*Je paye pas la cantine*
*paceque j'ai pas touché la sociale*
*et jan trouve le tems long.*
*Merci.*

*Mademoiselle,*

*Je vous ai pas envoillé Christian*
*avant tiers et hier*
*son oncle lui a fé mal*
*ses tant brusquement incarné.*

*Monsieur le Maître,*

*Raoul étant tomber sur le bat du dos*
*rapport asque la jument et rétive*
*je vous l'enverrer quant il ora*
*pu se relever.*

*Bien le bonjour.*

*Madame,*

*J'ai fait écrire Hervé*
*mais il n'arrive à faire un p minuscule*
*à cause de la queue.*
*Il l'a toujours tordue comme son père.*

*Monsieur,*

*Si mon fils est sorti du rang*
*s'était pour du bois.*
*J'y avais dit car on et*
*en retard pour le travail.*
*Alors le punissait pas.*
*Merci.*

*La Laide Familiale a visiter ma petite.*
*Elle ira passer vous voir pour le dos scié.*
*Merci.*

*Mademoiselle,*

*Excusez Jeannette*
*si elle ne sait pas bien ses leçons*
*depuis la mort de la grand-mère;*
*vu que c'était elle qui s'en occupait*
*et elle a plus difficile maintenant.*

Mademoiselle

Je n'avais pas de culotte de sèche ce matin pour aller à l'école.

Respectueusement

Mme Decher

*Monsieur le Directeur,*

*Le Maître d'Edmond la*
*traiter de menteur*
*devant le monde.*
*Tout ca cet des jugements tintamarres*
*et qui ne me fait pas plaisir.*
*Veuillez y dire.*
*Salutations.*

*Escusez Philippe ce matin.*
*Le manger d'hier lui est resté sur l'estomac.*

*Monsieur,*

*Ne croyait pas un mot*
*des menteries de la voisine.*
*Mon fils a pas toucher son chat,*
*rapport à ce qu'il en à même peur,*
*vu qu'il et très gros et tout dégoûtant.*
*N'écoutait pas cette mauvaise coucheuse.*

*Messieur,*

*Je voit pas pourquoi Suzanne a ramené un zéro*
*pour un etsercice quelle peut pas faire.*
*Vous avait demandé ce que ca vouler dire*
*les lettres : U.R.S.S.*
*On sait tous que l'U.R.S.S. sait la Russie,*
*mais vu qu'on connait pas le Russe,*
*les lettres ca nous dit rien.*
*Ottez y son zéro car elle pleure*
*et si vous vous connaisser le Russe pas nous.*
*Sinon j'en parlerait à la prochaine réunion*
*de la locale S.N.P.E.*

*Monsieur,*

*Jacques a pas put faire son exercisse*
*de meilleure volonté.*
*Il manquet la bonne page dans le livre*
*que vous lui avait donné*
*et dans la famille on et pas fakir.*

*Monsieur,*

*Sabine m'a dit que la semaine prochaine,*
*en sciences, vous alliez faire l'écorché.*
*Cette enfant étant très impressionnable,*
*pourriez-vous la dispenser*
*de cette démonstration*
*qui risque de l'effrayer ?*
*Vous voudrez bien excuser mon intervention*
*et croire, Monsieur, etc.*

*Monsieur,*

*Serge s'est ouvert le talon de la main*
*avec le couvercle d'une boite de conserve.*
*Quand il sera siquatrisé,*
*je vous l'enverrait de nouveau.*

*Monsieur le curé,*

*Sait pas passque Dominique*
*a un nom de garçon*
*qui vous faut la metre en queu de fille*
*au clasement*
*car elle sait son catechisse allant vers*
*comme allant droit.*

*Madame Gillet*

*Monsieur,*

*Théo a manquer l'école*
*pour cause de vert solitaire.*
*Il fésait plus de 3 mètres de la tête aux pieds.*
*On la mit dans un bocal bien prope*
*pour le cas ou ca vous intéresse.*
*Sentiment distinguer.*

*Madame,*

*Pouvez-vous quitter Germaine à 3 h*
*pour qu'elle aille prévenir le Docteure*
*que mon mari sait fait un détour de reins*
*cette nuit et il souffre comme un foque.*
*Merci bien.*

*Monsieur le Maître,*

*Je vous écrit ces quelques lignes*
*pour vous dire que les gars*
*Roger, Gérard et Abel*
*on attrapper mon fils*
*par les bras et par les jambes*
*et l'on laisser retomber sur la route*
*et après il on encore taper dessus*
*et il on promis que s'il le disait*
*qu'il recommencerai.*
*Ce genre de jeu n'est pas autoriser*
*à la sortie d'une école.*
*Sincères salutations.*

*Vous fêtes fer trop de lignes*
*à ma petite en punission.*
*Se soir encore, soit disant qu'elle aurait pousser*
*une camarade, elle a juste à dix heures*
*passer à copier cinq cent fois :*

"Deux droite qui forment un angle droit sont parallèle."

*Et je suis même pas sur que sa soye vrai.*

*Mr Bigard*

*Monsieur,*

*Laiser sortir Esther quant elle demande.*
*On lui a donner la purge contre l'Athénia.*

Monsieur

Jacques est en retard

Merci à l'avance

M

*Monsieur,*

*Je vous envoie pas mon fils à la classe,*
*étant tout enrumé.*
*Si le petit Gantois de nos voisins*
*pouvait y porter ses leçons*
*il l'ai ferait car nous avons à la maison*
*séjour-ci mon gendre pour l'éder.*
*Mon gendre est aisant,*
*ayant comme métier faculteur de médecine.*
*Merci.*

*Monsieur,*

*Paul est tombé hier soir de bicyclette;*
*il a eu le front ouvert*
*et tout le pantalon déchiré.*
*Le docteur l'a recousu*
*et je vous le renverrai*
*quand il sera repassé.*
*Mes respects.*

*Madame,*

*Je voudrai vous priez de ne plus opportuner*
*Huguette Dauner avec vos timbres*
*car nous ne sommes pas des mendiants*
*qui vont de portes en portes.*
*Si vous voulez les vendre*
*allez-y vous-même.*
*Je le défends à ma fille.*

*Madame Dauner*

*Monsieur,*

*Je peux certifier qu'Annette*
*a fais tous les devoirs*
*durant sa varie-celle*
*et ses lessons aussi.*
*Je trouve meme qu'elle ait en progrès*
*depuis qu'elle ne vat plus en clace.*

*Mon mari étant pour le moment décédé,*
*mon fils ne peut aller en classe.*

*Madame Lapourde,*

*Ma mère étant au plus mal,*
*j'ai gardé le petit durant l'extrait montion.*
*Je vous envoie le certificat médicale*
*de sa grand-mère.*
*Ne lui dites rien, je vous prie.*
*La mort le punira assez.*

Monsieur le Directeur,

*Je vous donne le motif d'absence*
*de ma fille Huguette d'haujourdhui.*
*Car sa maman était resté malade*
*car elle a des crises épilitiques*
*et il lui fau du monde autour d'elle.*
*Veillez Mr agréé mes salutations distinguée.*

*Madame,*

*Veuillez excuser mon fils*
*d'avoir manqué la classe cette semaine,*
*mais il a eu un beau panorama au doigt*
*et sa vue nous a causé du souci.*
*On a du l'ouvrir*
*et le Docteur narrivait pas à le renfermer.*

*Monsieur Levasseur,*

*Sous préteste de géometrie,*
*vous avait demander à vos élèves*
*donc mon aîné*
*de ferre un serment de droite.*
*Je lui interdit.*
*A la proche des elecsion*
*confondet pas politique et géométrie*
*et vous les serment adresset vous*
*a la famille pas aux enfants.*
*Salutations distinguer.*

*Madame,*

*Yves na pus venir en classe*
*aillant un canari très douloureu au pouce.*
*On la mit dans l'eau boullante*
*mais sa le fet par trop chanter alor*
*j'appele le Docteur.*
*Merci.*

*Maîtresse,*

*Voulet-vous laissé ma petite sortir*
*à 4 heures aujourdhuit.*
*Je seret à la porte pour la conduire*
*à l'oncle ulysse car il lui faut des verres.*
*Merci d'avance.*

*Jean sait bruler les 2 mains au 13° degrés sur la plate chauffante.*
*Il  peut pu sans servir pour rien.*
*Je lui sait aider a aprent ses lessons.*
*Il les sait sur le bout des doits.*

*Madame la Directrice,*

*Je me demande de quel droit*
*l'infirmière a mit de la poudre à Yolande*
*pour les poux de la tête aux pieds*
*et jusqu'aux yeux.*
*Vue qu'elle en a point l'hombre d'un,*
*que les pous ont j'amais fait de male à personne*
*et que ma petite et très fragile de la tête.*

*Recevet mes compliments.*

*Mme L..*

*Mr l'Instituteur,*

*Les notes à Bernard descende tous les mois.*
*C'ait vous qui devener plus sévère*
*ou c'ait lui qui deviens plus paresseux ?*
*Dites-le nous pour qu'on ces vice vite.*

*Monsieur,*

*Vu qu'on doit préparer le l° mai la veille*
*à cause de notre commerce de fleurs,*
*on vous enverra pas les enfants le lendemain.*

Monsieur

Janine et restet ce
tanto pour garder.
les petits ayant du allet
chez le père secteur toucher.
Imavante de veuve.
excusément S. Carnis

*Monsieur l'Instituteur,*

*La Marie n'a pas put venir tout ces jours*
*la mère étant balloné.*
*A ma suivi au champ a sa place*
*et l'était donc point à l'école.*

Père Motte

*Monsieur,*

*Aillant eut des ennuis cou sur cou*
*avec ma femme et ma vache,*
*veuillez excuser Riquet*
*qui a soigner sa mère et participer*
*aux recherches de la bête.*
*Je vous renvoit mon fils,*
*car la première al est aujourdui perdu,*
*mais par contre*
*ont viens de retrouver la seconde.*

*Le Maire de X...*
*Mlle Z... Institutrice.*

*Mademoiselle,*

*Ne vous laissez pas pénétrer*
*par les nomades sans mon avis*
*vu qu'ils sont plein de poux.*
*Si vous pouvez attendre*
*un jour ou deux*
*je vais les faire désinfecter,*
*après quoi vous pourrez les recevoir.*
*Sentiments dévoués.*

*Monsieur le Directeur,*

*Veuillez excuser mon fils*
*d'avoir manqué la classe*
*la semaine dernière*
*parce que hier*
*il avait mal au foie.*
*Mes respects.*

*Monsieur l'insiltuteur,*

*Cécé de traité mon fils le plut jeune d'imbécile malle a prix et mal au truc.*

*Madame,*

*Voulait vous laissé sortir Hervé*
*sil demande étant prit de colique*
*et cet pas pour des prunes.*

*Mon chaire Monsieur,*

*Je vous signé prie de m'excuser*
*pour l'absence de ma fille Odette samedi.*
*Elle a pas venu à l'école*
*mais ce n'est pas par égligence.*
*Merci.*

*Monsieur,*

*Je vous envoit le papier du docteure*
*comme quoi Yves et déjà piqué*
*et il ni a plus rien à faire pour lui.*
*Sentiments distinguer.*

*Madmoiselle,*

*Le caillé de poésie je suit plutot pour*
*mais Gérard le gaspille.*
*Veillez veuillëz as qu'il remplisse bien*
*toute les lignes juste au bout.*
*Mercit.*

*Madmoiselle,*

*Suite a un arrachements de dents*
*Denis siffle au lieut de parler.*
*Ne le punissait pas.*
*Merci.*

*Monsieur,*

*Mon fils n'a pu allé à l'école hier*
*étant prit d'une rage dedans.*
*Veuillez excusé les fotes,*
*mais je n'ai pas le tans.*
*Mes remercimant.*

Monsieur le Professeur,

Auriez-vous l'extrême amabilité d'autoriser,
tout à fait provisoirement, ma fille Véronique (4°A)
à ne pas assister aux séances d'information sexuelle
que vous dispensez depuis le début du trimestre.
En effet, d'après ce que j'ai pu en savoir,
il s'avère que ma fille se trouve à un niveau nettement
plus élevé que celui des cours auxquels elle est soumise
et dispose, dans ce demaine, d'une documentation bien
plus élargie.
Vous exprimant à l'avance mes remerciements,
et demeurant à votre entière disposition,
je vous prie d'agréer, etc.

Honoré de R...,
gérant du Sex Shop Fontana, Paris

*Monsieur,*

*Je ne vous et pas envoyer*
*Bernard ent classe.*
*Je les conduit au Docteure*
*car il était prit de seigneurie de née.*

*Madame,*

*Mon fils ait pas venu à l'école*
*parce qu'il avait un nerf*
*et six pelles à la tête.*

*Madame,*

*Laurence ne peut pas venir à l'école*
*car je l'emmène à Bouzinville*
*pour commander des lunettes.*
*Nous étions hier chez l'oculiste*
*et il ma dit qu'elle a un très grand défaut*
*car ses yeux sont le contraire*
*l'un de l'autre*
*et il lui faut des lunettes à vie.*
*Veuillez agréer Madame,*
*mes salutations respectueux.*

*Mr le Directeur,*

*Jean-Paul s'est couper le doigt*
*sur son cahier. En le soingnant*
*j'ai renverser du mercurocraum dessus,*
*ça fait 3 mer rouge sur la carte.*
*La bonne est celle qui traverse pas la page.*

*Mme Dadin*

Monsieur,

Je n'est pas comprit que Gérard
aille un zéro en composition d'ortographe
alort qu'icy il a pas de fotes
dans les dictés qu'ont lui fet fer
à la maison.
Veuillet revoir sa copie.
Remerciement.

Monsieur
escuser l'absence de mon
fils fidèle qui na pu venir
a la classe a cause de la
crevaison de sa grand mère

Bien à vous.

Le. Bene

*Monsieur,*

*Vous avez traiter hier mon gars*
*le deuxième de tous les noms.*
*S'ils vous manque j'aime autan*
*que vous le fraper. Parceque ça*
*il le comprendra. Tandis que*
*les gros mots il les comprend pas*
*et maintenan il les répète à tout le monde,*
*comme un con qu'il ait.*

*Merci.*

W... de G...

*Présente à la maîtresse de Valérie*
*ses déférents hommages*
*et la prie de bien vouloir excuser*
*le retard matutinal de cette enfant,*
*dû à une défection inopinée*
*de la femme de chambre*
*attachée à son service.*

*Monsieur le Directeur,*

*Je vous envoie ce petit mot*
*pour vous dire*
*que j'ai garder Marguerite*
*qui ait reprise de douleurs d'anthères.*
*Avec mes remerciements.*

*Madame,*

*Julie nous a accompagné hier*
*à l'enterment du vieux jardinier*
*qui ait mort d'une rupture d'anémone.*
*Merci.*

Monsieur,

Etant inviter à la nosse de ma niesse
qui se marier avec le facteur Duval
qua fait dans le tems la tourner icy
cui qua les moustaches
j'ai garder les enfants
pour l'asset rémonit et l'endemain
il ont eut une petite indijection.
Mercie beaucoup.

*M. l'Instituteur,*

*Sans nouvelle du carnet de Luc,*
*soillez, Monsieur, asser aimable*
*de me dire s'il est ce trimestre*
*le dernier des premiers*
*ou le premier des derniers.*
*J'ause pas prétandre qu'il soille*
*le premier des premiers,*
*mais la Mère et moi*
*on serait honteur s'il était*
*le dernier des derniers.*
*Merci.*

*Prenez garde que la petite*
*n'aille pas au froid.*
*Elle nous fait une congestion*
*et si je vous l'envoit*
*ces qui fait meilleur cher vous.*

*Madame,*

*J'ai pas pu paillé la cantine*
*étant au lit avec le Docteur*
*tous les jours.*
*Mettaiz vous à ma place et*
*patiente encore quelle-que jours.*

*Madame la Directrice,*

*Monique est décalsifier.*
*Si vous vouler*
*elle prendra sa pilule*
*pendant la classe*
*avec un peu d'eau sucrer.*
*Je vous an remersi.*

*Monsieur,*

*En réponse à votre lettre de ce jour*
*m'indiquant que les dents de devant*
*de mon fils sont en train de pousser*
*de travers, je suis très surpris de*
*votre intéressement envers Roland.*
*Si cela est en votre pouvoir,*
*veuillez examiner aussi son sexe*
*afin de nous assurer qu'il s'agit*
*bien d'ou garçon.*
*Sentiments distingués.*

*Monsieur,*

*Je suis été à la cabine*
*pour vous téléphoner,*
*rapport à la maladie d'Andrée.*
*Mais je n'ai pas trouver*
*votre numéro dans l'annulaire*
*aussi je vous fait envoyet*
*ce mot pour le remplacer.*

*Punissez Albert,*
*mais moins fortement :*
*Vous y avez déchiré*
*l'aube de l'oreille.*

*Mademoiselle,*

*Voulait-vous laisser Marie-Paule*
*s'assir sur le coussin qu'elle apporte,*
*aillant un furoncle au postérieur*
*dont le médecin a dit qu'il en avez*
*jamais vu d'aussi beau.*

*Monsieur l'instituteur,*

*On ait bien ennuyé avec l'Emile.*
*Le docteur veut l'envoyé*
*maintenant au spiatre.*
*Il na rien pourtant à la tête*
*et vous pourriez le dire, vu que*
*la tête ca vous regarde en premier.*
*je conte sur vous.*

*Mademoiselle,*

*Hier mon mari c'est jeter*
*maladivement sur la libraire.*
*En plus qu'il été morceler de partout*
*un pan de la vitre lui a sélectioné*
*l'artaire mémorable.*
*J'ai garder Yvonne pour m'aider*
*ne pouvant pas aitre*
*a la foire et au moulin.*

*Mademoiselle,*

*Mon petit Alain s'est plaint*
*du mal de ventre durant*
*la journée d'hier*
*et cela doit être les vers.*
*C'est pourquoi il ne sait pas sa poésie.*
*Vous demandant de bien vouloir*
*l'excuser pour cette fois,*
*je vous prie de croire, etc.*

*Monsieur,*

*C'est mon mari qui a perdu du vin*
*sur le cahier d'Ali.*
*Ne le punisset pas*
*car il est déjà assez colère.*
*Recevez Monsieur mes salutations.*

*Monsieur,*

*Vu l'épais brouillard,*
*Daniel n'a pu apprendre*
*ses leçons aujourd'hui.*
*Veuillez l'excuser.*
*Merci.*

*Monsieur,*

*Je sait pas si c'est utile donner*
*les lignes à Rodolphe pour ses*
*fractions et son système métrique.*
*Vu que vos punitions*
*il sans moque du tiers*
*comme du quintal.*

*Monsieur,*

*Veuiller regarder de plus près*
*l'absurderie que Jean-Philippe*
*écrit sur ses cahier.*
*Vendredi il a marquer :*
*"Une calotte glaciaire*
*sait une gifle d'eskimau".*
*Ma femme et moi on était tout très.*

*Monsieur,*

*Le grand-père réclame après vous*
*rapport à son testaman.*
*Venait vite l'école finit parqu'il baisse.*
*On aurez bien fait autreman*
*mais il veut point d'autre que vous.*
*Merci du dérangeman.*

*Mademoiselle,*

*Je suis toute contrariée que la petite*
*avec son ancienne maîtresse,*
*elle était tout le temps première*
*tandis qu'avec vous*
*elle recule chaque mois.*
*Si ça continue toujours pareil*
*je me demande jusqu'on va aller.*

*Madame Lapeyre*
*Mère de famille*

*Madame la Directrice,*

*Si vos maîtresses on labitude*
*d'enfermet les élèves dans les*
*placard comme punissions*
*veiller à ce quelle ne les oublie pas*
*le midi car vous m'avait fait*
*ramener Colette à deux heures*
*et je me suis fait un cent d'ancres.*

*Monsieur Y...*

*Je vous envoit par Antoine*
*se morceau de maigre et 2 boudins*
*vu qu'on a tuer le cochon hier.*
*Ces pour la lettre que vous m'avait*
*tourné au Percepteur l'autre mois.*
*Mais il na rien vouleu savoir.*
*L'est plus dur que mon cochon.*
*N'oublié pas de retourné*
*l'assiette et le linge,*
*ordre de la patrone.*
*A se revoir.*

*Auguste de la Haute-Combe*

*Mademoiselle,*

*Laisset pas les garçons Leloup*
*approchet ma petite*
*de près ou de loin.*
*Il lui dise des cochoncetés*
*pas croillabe et lui montre*
*le tout et les partis.*

*Mme Lagnaux*

*Messieur,*

*Si Xavier vous embête,*
*allongez-y une gifle.*
*Je prens tout sur moi.*

*Monsieur,*

*Le petit Xavier copie tout*
*sur mon fils et inversement,*
*même qu'ils se passent les cahiers,*
*j'en ai trouvé dans son cartable.*
*A mon sens il faudrait les changé*
*de place et ouvrir l'oeil.*
*Sentiments respectueux.*

Monsieur,

Jean n'a pas put fini son travail

Il butte sur la corde des participes

Respectivement

Simone Vinard

*Monsieur le directeur,*

*Jamène aujourdhuit Claude*
*à la ville pour lui faire tailler*
*un costume.*
*Vu qu'il et le l'or et a de l'école*
*je veut qu'il soye nippé*
*à la distribution des prix.*
*Merci de son absance.*

*Madame,*

*Suzanne a eu une mauvaise note*
*injuste en géographie rapport*
*à la carte en relief.*
*Vous lui avais demander*
*comment faire la différence*
*entre des montagnes jeunes*
*et des montagnes vieilles.*
*Elle ma dit quelle avait répondu :*
*On passe la main dessus,*
*si ça pique cest une montagne jeune*
*et si ça pique pas non.*
*Ou ait l'erreur ?*
*Mes respects.*

*Monsieur,*

*Vous voudrez bien excuser Véronique*
*d'avoir si maladroitement traité*
*le sujet de rédaction que vous donnâtes*
*de l'automne et de la chûte des feuilles.*
*Le parc du château*
*étant exclusivement planté de résineux,*
*elle n'a en effet encore*
*aucune connaissance directe*
*de ce phénomène saisonnier.*
*Recevez, Monsieur, l'assurance*
*de ma parfaite considération.*

*V. de la Harengère*

*Etant malade et mon mari également,*
*c'est Jacques qui fait marcher*
*nos pieds de vigne*
*et il ne peut venir à l'école.*

*Monsieur,*

*Louis a été empoisoné*
*par de la crème aux oeufs pas frais*
*et moi aussi ainsi que mon mari.*
*Je ne vous envoit donc*
*que Nicole aujourhui.*
*Elle na rien parce qu'elle a eu*
*la chance d'être puni*
*et privé de dessert.*
*Vous êtes toujours invitait*
*à la maison avec Madame.*
*Je vous dirai le jour*
*quand ça ira mieux pour nous.*

*Madame,*

*Luc et tomber hier au soir*
*en grimpant sur la table en contripliqué*
*pour changet l'ampoule*
*qui vener de griller.*
*Comme on était dans l'oscurité total*
*il et monter un peu à côté.*
*Depuis il souffre,*
*il a le cafard*
*et il voie tout en noir.*
*Excusez-nous le bien.*

*Mademoiselle,*

*Irène sait déchirer la jambe*
*à un fil de ronce.*
*Je lui ait mit de l'alcol*
*et une bande de vieille peau autour.*
*Je vous demenderait quelle*
*ne joue pas à la récréation.*
*Merci.*

*Messieur,*

*Ma femme sait electrocuter en repassent.*
*Elle ait à toutes les estrémités.*
*Pour goudronner le tout*
*Joëlle en a prit aussi un sacré cou*
*car le fils était nu.*
*Il a fallut les pompiers.*
*Je fille ce mot au facteur*
*pour vous mettre au courant.*

*Monsieur le Professeur,*

*Je fais réciter Cinna*
*sans faute à Maxime.*
*A la dose de 5 à 6 vers*
*avant chaque repas*
*ça fait une bonne scène*
*presque tous les jours.*
*Vous serez aimable*
*d'en prendre acte*
*parce que, au train ou ça va,*
*avec mon mari, ça devient*
*une vraie tragédie à la maison.*
*Merci.*

*Lu et approuvét le présent*
*pour mon gars Georges*
*qu'à eu la rougeole*
*et manquét*
*suivant le certificat*
*du Docteur que voéci.*
*Alain va pas*
*j'cré qui va y passé à son tour.*

*Monsieur,*

*Joseph m'a porter les fotos.*
*Elle sont toute noire.*
*Tacher de tirer ca au clair*
*car sinon jan veut pas.**

** Il s'agissait de négatifs à choisir en vue d'un tirage groupé.*

*Monsieur,*

*Je vous prie*
*de bien vouloir excuser*
*mon fils Henri*
*pour son mal abilité*
*car il et soufrant*
*dans une mauvaise place.*

*Mr Pline,*

*Mon fils ce plaint tous le temps*
*que vous l'apelez Baise*
*au lieut de Blaise*
*et ses copains en dise autant.*
*Cet pas très bien*
*pour un maître*
*de fair de l'esprit*
*sur le dos d'un enfant.*
*Surtout que si on enlaive*
*la meme lettre à votre nom*
*ce qui reste*
*et pas telment plus jolie.*
*Merci de vous astenir.*

*Madame la Maîtresse,*

*J'ai du garder Aline*
*le jour dernier car,*
*travaillant au Château*
*comme vous saver*
*Monsieur le Comte*
*s'a fait une hernie étranglée*
*en glissant par l'escalier dérobé.*
*Comme quoi bien mal à qui*
*ne profite jamais.*
*Avec mes salutations.*

*Monsieur le Maître,*

*L'ane étant malade*
*veiller autoriser mon fils*
*à le remplacet pour*
*la journer de demain;*
*ça m'obligerait à cause des foins.*
*Mercie.*

*Madame,*

*Mireille est rentrer hier soir*
*avec une bonne grippe.*
*Je lui fait garder le lit*
*et lui est donner*
*un bon grog au rhum*
*avec un sexe de citron.*
*Si ca lui fait de l'effet*
*je la renverait vendredi.*

*Monsieur l'Inspecteur,*

*Je vous préviens*
*que notre Instituteur*
*n'apprend rien aux enfants*
*à pars la culture.*
*Il leur fait dégermer*
*des pommes de terre*
*et bêcher son jardin*
*toutes les journées.*

Mademoiselle

le dessin de la soupière
à marche Alain la pas fait
mechamant. Car isi je sert
toujours la soupe a même
la caserole

*Monsieur,*

*Les enfants on manqué*
*l'école hier matin.*
*Il se sont tousses endormi*
*et moi je me suis pas réveiller.*
*Mes salutations.*

*Madame,*

*Je me permets de vous signaler*
*qu'Eliette souffrant*
*d'une faiblesse de vessie,*
*il est normal qu'elle demande*
*à sortir plus que la normale.*
*Sinon elle ne fait que se retenir*
*et elle ne retient rien de vos leçons.*
*Laissez là aller.*
*Merci.*

*Monsieur,*

*Dominique n'a pu venir à l'école hier*
*car il a été servir à la noce*
*chez Mr le Maire.*
*Il sait faire une bonne pièce*
*et ça tombe bien*
*car il avait justement*
*un fameux trou à son pantalon*
*de tous les jours.*

*Monsieur le Directeur,*

*Norbert s'est électrifié*
*en réparant une lampe,*
*sait pourquoi il a une ampoule*
*à la main bander*
*dont je vous met au courant.*

*Monsieur,*

*En jouant à m'éplucher des patates*
*Ghislaine s'est coupé au doigt*
*en profondeur.*
*Saignant suffisamment*
*pour tâcher ses cahiers,*
*je l'ai gardé cette matinée.*
*Recevez Monsieur mes salutations.*

*Monsieur,*

*Albert ayant manger*
*ma crème à raset*
*alieu de son Nestlé en tube,*
*ne vous étonner pas*
*s'il fet des bulles en parlant.*

*Madame,*

*Je ne suis tout de même pas*
*marchande de mouchoirs.*
*Thierry en prend un chaque jour*
*et il les rapporte jamais.*
*Veuillez regardé ou ce qu'il les pert.*

*Monsieur,*

*Vu que Titou a le vers solitaire,*
*veuiller l'autoriser à manger*
*son cent d'ouiches à la récréassion.*
*Merci.*

*Madame,*

*En allongant une giffle*
*à Suzanne ce matin*
*vous y avez perforé le timpan,*
*comme a dit le Docteur l'Autorino*
*qu'on a été consulter de suite*
*après l'école. Je vous envois*
*le certifical médicaux.*
*Vous avez fait du beau travail :*
*Je sais pas si Suzanne*
*elle fait la sourde oreille,*
*mais maintenant*
*elle veut plus rien entendre*
*pour allet à la classe.*
*Je vous garantis que*
*cette histoire va faire du bruit.*
*A bon entendeure salut.*

*Monsieur,*

*Veuillet escuser l'absence*
*de mon fils François*
*qui na pu venir à l'école*
*car cette andouille*
*a attraper le bacile du coq*
*que cest une bête*
*parait-il très dangereuse.*
*Je vous envoit*
*le certificat du Docteur.*

*Mademoiselle,*

*Veuillez excusé ma fille Carmela car elle avait la fièvre et le rhum.*

Madame

Marie-Claire a fait une
mauvaise chûte. elle ne
pourra venir en classe d'ici
peu car elle a une luxure
de la hanche plus
le genou sans / boite.

M Liliane

*Son petit frère*
*ayant eu des convulsions*
*le Docteure est venu précipitan*
*et il se rouler par terre.*
*Josiane a eu très peur.*
*Je l'est gardé.*

*Monsieur le Moniteur,*

*Ma petite Suzy étant très fragile,*
*veuillez lui laisser son tricot*
*pendant la baignade.*
*Merci.*

*Monsieur,*

*Si Pierrette ne se tiens pas bien*
*nésiter pas à la punir.*
*Comme j'"y ai dis :*
*En classe t'es pas dans un salon !*

*Monsieur,*

*Je me suis absenté d'envoyer*
*Fernand à l'école car*
*en édant les maçons mercredi*
*il a pris un chaux et froid.*

*Je me suis oublier ce matin*
*Madame.*

*David*

*Monsieur le Professeur,*

*Veuillez excuser mon fils qui,*
*ayant très mal de gorge,*
*est incapable de réciter*
*sa leçon aujourd'hui : à peine*
*s'il peut prononcer le français,*
*alors vous pensez pour l'anglais !*

*Madame,*

*Veuiller escuser Jules*
*car je suis bien sur*
*qu'il a prit comme il faut*
*sa lesson d'histoire.*
*Vu que je mi connet un petit peu,*
*y a décrit sur son cahier :*

Huttebasse était le chef des Gaulois.
Il lutta pour défendre son pays,
mais il a fallu le rendre à César.

*Il ma soutenu que vous*
*leur avez bien dit sa*
*et j'y ai fait apprendre sous réserve.*
*Si cest faux, punissez Jules*
*et ça y apprendra*
*pour la prochaine fois.*

*Madame,*

*Murielle na pas étais en classe hier*
*car le président Giscart destain*
*a donner une demi journée.*
*Et l'autre demi journée*
*je lui et fait prendre*
*pour François Miterant.*
*Comme cela ces complet.*

*Ernest Bidois*

*Madame,*

*Je vous certifie qu'Eric*
*a bien fait devant moi*
*pas plus tard qu'hier soir*
*les lignes que vous lui avez donné :*
*50 fois, à signer par les parents :*

A l'avenir je me souviendrai
où je range mes affaires.

*Au moment d'aller en classe*
*on ne trouve plus son cahier.*
Ne le *repunissez pas.*
*C'est peut-être son Père*
*qui l'a pris en partant par mégarde.*
Dans ce cas
*vous les aurez après-midi.*

*Madame,*

*Ennuillé pas Léon*
*pour son devoir au crayon.*
*Mais avec ses nouvelles lunettes*
*il voit pas ca quil écrit*
*avec son vieux stylo*
*et réciproquement.*

*Monsieur,*

*Excuser le gars Georges*
*si s'est pas sa leçon.*
*J'ai pas pu li expliquer*
*ni mon mari vu que*
*la géométrie a beaucoup*
*changer depuis le temps.*
*Mme Euclide*

*L'audeur d'Ulysse*
*rend Lily malade.*
*Pouver vous pas la mette*
*plus loin des fleurs ?*
*Je vous an remeci.*

*Henri a eur une forte fièvre défectueuse qui se termine pas. Je vous le renvoit mais le fête pas sortir à la récration car il est patatrac.*

*Mademoiselle,*

*Albert a manquer s'étant ci*
*je l'ai égligé vu les préparatifs*
*de mon remariage.*
*Pour comble de malheure*
*j'ai eu un accident d'auto*
*qui ma conduit droit a lopital.*
*Albert ai pas responsable*
*ni de l'un ni de l'autre.*
*Merci.*

*Madame,*

*Ma femme etant tous les jours en sainte*
*elle peut pu amener Marie a la craiche*
*je vous prix.*

Couverture : Atelier Pascal Vercken

Achevé d'imprimer en France en août 2011
par Corlet imprimeur SA
N° d'éditeur 1094
N° d'imprimeur 140521
Dépôt légal 2011